Mes petits con

Le vilain petit canard

Katleen Put - Sophia Touliatou

Ce livre appartient à ....

Ballon

Cette histoire se déroule il y a bien longtemps, au printemps, dans la ferme d'un charmant petit village. Le ciel était bleu, l'herbe verte et le soleil brillait. Sous un gros buisson près du ruisseau, maman cane couvait cinq œufs.

Maman cane commençait à s'ennuyer, car elle attendait depuis longtemps l'arrivée de ses canetons. « Si seulement je pouvais aller nager avec les autres canards, soupirait-elle. Pourvu que mes canetons sortent vite de leur coquille ! »

Au moment où maman cane s'apprêtait à faire une petite sieste, elle entendit un bruit : crac, crac... Les œufs s'ouvraient ! Quatre petits canetons apparurent en piaillant. « Waouh, que le monde est grand ! C'est bien mieux ici que dans ce petit œuf ! » se réjouirent-ils.

Cependant, le plus gros œuf n'avait pas encore éclos. Pendant que ses canetons jouaient, maman cane se réinstalla sur son nid. Un peu plus tard, elle reçut la visite de sa voisine. « Est-ce vraiment un œuf de canard ? demanda-t-elle. Vu sa taille, ça pourrait être un œuf de dinde. Laisse-le donc là et va apprendre à tes autres petits à nager. »

Puis, le dernier œuf finit
par éclore. Un caneton grand
et laid sortit de l'œuf en se
dandinant et en piaillant.
« Tu n'es pas un petit
canard, s'exclama maman
cane, mais tu ne ressembles
pas non plus à un
dindonneau. Qui peut bien
être ta maman ? Allez, tu
peux rester avec moi,
je vais m'occuper de toi. »

Le lendemain, maman cane emmena
ses canetons pour leur première
leçon de natation. Un par un, les
petits canards plongèrent dans l'eau.
Mais le grand caneton avait peur de
se jeter à l'eau. « Allez ! À ton tour ! »
dit maman cane en le poussant
doucement. Plouf ! Voilà le vilain
petit canard à l'eau.

« Tu vois bien que c'est un dindonneau ! Il va se noyer », cancane la voisine. Mais une fois à la surface de l'eau, l'étrange caneton se mit à nager joyeusement. Les petits canards l'applaudirent. « Regardez comme il nage bien ! s'écria maman cane. Ce n'est pas grave s'il n'est pas beau : c'est mon adorable vilain petit canard. »

Les canetons grandissaient chaque jour un peu plus. Ils apprenaient à cancaner, à se dandiner, à plonger et à nager comme des canards. Cependant, les autres animaux de la ferme se moquaient du vilain petit canard. Ils criaient : « Que tu es grand et laid ! Attention, le chat va t'attraper ! »

Pendant que maman cane rendait visite à la voisine, les autres animaux venaient embêter le vilain petit canard. Les poules le piquaient, les chèvres le mordaient et les cochons le bousculaient. « Je ne peux pas rester ici », se dit tristement le vilain petit canard. Alors, il s'en alla.

Après des heures de marche, le vilain petit canard arriva près d'un grand étang. Épuisé, il s'endormit là. Le lendemain matin, des canards sauvages le réveillèrent. « Salut l'ami, qu'est-ce que tu fais près de notre étang ? demandèrent-ils. Tu es laid, mais pour nous, ça n'a pas d'importance. Tu peux te reposer ici et boire de notre eau. »

Le vilain petit canard était heureux que les canards sauvages aient été si gentils avec lui. Il trouva de la bonne nourriture et apprit à mieux nager. Après quelque temps, il avait atteint la taille d'un papa canard, alors qu'il n'était encore qu'un caneton. « Tu es bien trop grand pour être un canard, lui dirent les canards en cancanant. Tu es peut-être une oie. »

De l'autre côté de l'étang vivaient deux oies sauvages. Elles se montrèrent très gentilles avec le vilain petit canard. « Veux-tu venir avec nous au grand lac ? Ce n'est pas très loin, dirent-elles. Beaucoup d'oiseaux aquatiques vivent là-bas. Peut-être que nous trouverons ta maman. »

Les trois amis se préparèrent pour le voyage. Mais lorsqu'ils voulurent partir, quelque chose d'horrible se produisit. Pan ! Pan ! Un bruit affreux résonna au-dessus de l'étang. Les chasseurs arrivaient ! Et avec leurs fusils, ils tuèrent les deux oies. Le vilain petit canard s'enfuit rapidement dans les roseaux et y resta caché en tremblant.

Ce n'est qu'une fois le soir venu et les chasseurs partis que le vilain petit canard osa sortir de sa cachette.
Il pleurait doucement en nageant.
Les deux gentilles oies étaient mortes.
Que faire à présent ?

« Je ne peux pas rester parmi les canards sauvages. Ils sont très gentils avec moi, mais je ne suis pas un canard, se dit-il. Si je veux découvrir ce que je suis, je dois aller jusqu'au grand lac. » Alors, il se mit en route tout seul.

La route qui menait au lac était longue. Par deux fois, le vilain petit canard faillit se perdre. Une gentille vieille dame lui donna quelques morceaux de pain. « Reste donc avec moi : peut-être que tu peux pondre. J'adore les œufs au plat », dit la dame.

Mais le vilain petit canard était un garçon et les oiseaux mâles ne pondent pas. Après deux semaines, la vieille dame n'avait toujours pas trouvé un seul œuf, alors elle chassa le vilain petit canard. L'automne était arrivé et il faisait froid.

Un soir, au coucher du soleil, un groupe de grands oiseaux
s'envola des buissons. Ils étaient d'un blanc éclatant et avaient
un long cou, des yeux noirs et un superbe bec orange. C'étaient
des cygnes. « J'aimerais tant voler avec eux ! » s'écria le vilain
petit canard. Mais ses ailes étaient bien trop petites.

Après un long voyage, le vilain petit canard arriva au grand lac. Il passa tout l'hiver à grelotter entre les roseaux. Tous les jours, il devait nager énergiquement pour que l'eau en dessous de lui ne gèle pas, ce qui le rendit grand et fort.

Quand le printemps arriva et que le soleil le réchauffa agréablement, le
vilain petit canard ouvrit grand ses ailes. Elles étaient devenues bien plus
puissantes : il pouvait enfin voler ! Quelques enfants jouaient près de l'eau.
« Regardez, un nouveau cygne vient d'arriver ! crièrent-ils. Quel oiseau
magnifique ! »

Le vilain petit canard s'éloigna
rapidement. Ce beau cygne va me
chasser parce que je suis laid, pensa-t-il
en baissant tristement la tête.
Mais que vit le vilain petit canard
lorsqu'il regarda son reflet dans l'eau ?
Il n'était plus un laid caneton ! Il était
devenu un superbe cygne !

Il joua toute la journée avec les autres
cygnes et, quand le soir fut tombé,
il ouvrit les ailes et s'envola avec ses
nouveaux amis vers sa nouvelle maison.

www.ballonmedia.com

© 2016 Ballon Media sa, Belgique
F. Rooseveltplaats 12, B-2060 Anvers
Texte : Katleen Put
Illustrations : Sophia Touliatou
Traduction : Jean-François Bolland
Tous droits réservés
ISBN 978 90 374 9943 8
D/2016/4969/26
Imprimé en Italie